Dieses Buch gehört:

_____

Matthias von Bornstädt

Geisterspuk am Meeresgrund

Wickie und die starken Männer
Leseanfänger
1. Klasse
ab 6 Jahren

Klett Lerntraining

Bibliografische Information der Deutschen Nationalbibliothek
Die Deutsche Nationalbibliothek verzeichnet diese Publikation in der
Deutschen Nationalbibliografie; detaillierte bibliografische Daten sind
im Internet über http://dnb.dnb.de abrufbar.

Dieses Werk folgt der neuesten Rechtschreibung und Zeichensetzung.

1. Auflage 2016

© Studio 100 Animation/ASE Studios
™ Studio 100
www.studio100.com

Grafikhandbuch Wickie 3D: Jan Van Rijsselberge
Autorenhandbuch Wickie 3D: Alexandre Révérend

© PONS GmbH, Stöckachstraße 11, 70190 Stuttgart, 2016. Alle Rechte vorbehalten.
www.klett-lerntraining.de
Teamleiterin Grundschule und Kinderbuch: Susanne Schulz
Umschlaggestaltung und Layout: Sabine Kaufmann, Stuttgart
Redaktion: textstelle Eva Günkinger, Esslingen
Illustrationen: Julian Jordan, Luis-José Beltran, Iñigo Motxo/Comicon, Barcelona
Satz: tebitron gmbh, Gerlingen
Druck: Aumüller Druck GmbH & Co. KG, Regensburg
Bindung: Conzella Verlagsbuchbinderei Urban Meister GmbH & Co KG, Pfarrkirchen
Printed in Germany
ISBN 978-3-12-949407-3

Inhalt

Das versunkene Schiff   4

Spuk unter Wasser?   10

Das große Muschel-Mampfen   16

Der Geist zeigt sich   22

Starke Fragen für helle Köpfe   28

Lösungswort   32

Wickies Lesepass   33

Das versunkene Schiff

Wieder einmal
sind die Wikinger von Flake
mit ihrem großen Schiff
auf den Meeren
unterwegs.

In einer kleinen Bucht
legen sie eine Pause ein.
Wie geheimnisvoll blau und grün
das Wasser hier schimmert …
„Da muss ich tauchen!",
ruft Wickie begeistert.

Er holt tief Luft,
und schon taucht er ab.
Unter Wasser bietet sich ihm
ein großartiger Anblick.
Und was ist das?
Da hinten liegt ja ein Schiff!

„Puh ... sieht ganz schön alt aus", denkt Wickie beim Näherkommen. Bestimmt ist das Schiff schon vor vielen Jahren gesunken. Ein richtiges Wrack!

Neugierig schwimmt Wickie
um das Wrack herum.
Auf der anderen Seite sieht er
ein schwaches Glitzern.

In diesem Moment spürt er,
wie seine Luft knapp wird.
Rasch taucht Wickie auf.
Was wohl die anderen
zu seiner Entdeckung sagen?

Spuk unter Wasser?

„Ein versunkenes Schiff,
in dem es auch noch glitzert?
Wenn das kein Schatz ist!",
ruft Halvar dröhnend,
als er Wickies Bericht hört.
„Männer, den holen wir uns!"

Etwas zögernd taucht Wickie
hinter Gorm ins dunkle Schiff.
Kaum sind sie im Inneren,
geschieht etwas Unheimliches:
Wie aus dem Nichts
steigt schwarzer Nebel auf.

Wieder an der Oberfläche flüstert Gorm zähneklappernd: „D-d-das war richtig gruselig. Bestimmt haust da unten in dem Schiff ein G-geist!"

„Geister gibt's doch nicht", hält Wickie dagegen. Aber woher kam dann dieser gruselige Nebel? Welches Geheimnis verbirgt sich in dem Wrack?

Das große Muschel-Mampfen

Für heute haben die Wikinger
genug vom Tauchen.
Am Ufer entzünden sie
ein gemütliches Lagerfeuer
und braten Muscheln darüber.

Nur Wickie,
der Muscheln nicht so mag,
hält lieber Stockbrot ins Feuer.
„Junge, Junge, du lässt dir
wirklich etwas entgehen",
schwärmt Faxe.

„Ich wünschte, ich hätte nicht zwei, sondern vier oder besser gleich acht Arme. Dann könnte ich noch mehr Muscheln auf einmal essen!"

Da wird Wickie hellhörig.
„Acht Arme? Hmmm …"
Er streicht sich über die Nase
und verkündet dann plötzlich:
„Leute! Ich hab's!"

„Was hast du?", fragt Halvar.
„Na, spuck's schon aus!"
Doch Wickie gibt sich
ganz geheimnisvoll.

„Hebt einfach einige Muscheln bis morgen früh auf", schlägt er zwinkernd vor. „Ich hab da so einen Plan ..."

Der Geist zeigt sich

Am nächsten Tag taucht Wickie mit den gebratenen Muscheln zum unheimlichen Wrack hinab. Die größte, saftigste Muschel legt er direkt vor dem Schiff ab.

Die anderen Muscheln platziert er etwas weiter weg auf dem Meeresboden. Dann heißt es warten ...

Aber zum Glück nicht lange.
Nur ein paar Sekunden später
schiebt sich ein langer lila Arm
aus dem dunklen Wrack.
Zack! Schon hat er sich
die erste Muschel geschnappt.

Bald zeigt sich ein zweiter
und dann sogar ein dritter Arm.
Und wenig später
gleitet ein ganzer Tintenfisch
mit acht Fangarmen ins Freie.

Das war also der „Geist".
Und der schaurige Nebel
war nur schwarze Tinte!
Gefräßig folgt das Tier
der leckeren Muschelspur.

Wickie taucht ins Schiff und findet einen faustgroßen Edelstein. „Donnerwetter!", ruft Halvar, als Wickie damit auftaucht. „Na, das nenne ich mal eine richtig fette Beute! Hoho!"

Starke Fragen für helle Köpfe

1 Woher kommen die Wikinger?
S ☐ aus Klake
L ☐ aus Flake
I ☐ aus Schnake

2 Wie schimmert das Wasser in der kleinen Bucht?
B ☐ blau und weiß
U ☐ grau und grün
A ☐ blau und grün

**3 Was entdeckt Wickie
beim Tauchen unter Wasser?**

G ◻ ein altes Wrack
H ◻ einen alten Frack
J ◻ einen alten Wok

**4 Warum bricht Wickie
seinen ersten Tauchgang ab?**

E ◻ Weil er Luft holen muss.
R ◻ Weil er sich erschreckt hat.
T ◻ Weil die anderen schon
auf ihn warten.

**5 Was hoffen die Wikinger
im gesunkenen Schiff zu finden?**

K ◻ einen Tintenfisch
R ◻ einen Schatz
G ◻ frische Muscheln

6 **Was glaubt Gorm, nachdem er und Wickie ins versunkene Schiff getaucht sind?**

F ☐ Er glaubt, dass es dort spukt.
U ☐ Er glaubt, dass sich dort doch kein Schatz befindet.
I ☐ Er glaubt, dass dort unten ein Meerestier haust.

7 **Warum hätte Faxe gerne acht statt zwei Arme?**

Z ☐ Weil er damit besser tauchen könnte.
Ä ☐ Weil er damit wie ein Tintenfisch aussähe.
E ☐ Weil er damit schneller essen könnte.

 **Wann bricht Wickie zum dritten Tauchgang auf?**

A ☐ noch in der Nacht
U ☐ am nächsten Tag
O ☐ nie, weil Wickie nur zweimal zum Schiff taucht

 **Wie könnte man den Tintenfisch bezeichnen?**

W ☐ als neunmalklug
R ☐ als vorlaut
E ☐ als verfressen

Wickie benutzt die Muscheln für den Tintenfisch als ...

R ☐ ... Köder.
M ☐ ... Belohnung.
T ☐ ... Bestrafung.

Lösungswort

Hast du alle Fragen beantwortet? Dann trage hier die Buchstaben der richtigen Antworten ein.

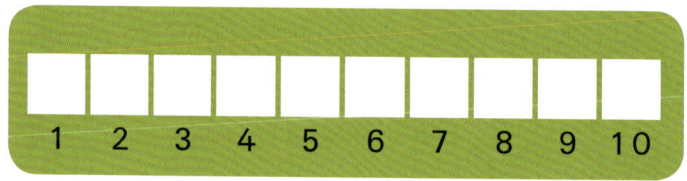

Tipp:
Das Lösungswort hat etwas mit der Geschichte zu tun!

Ich habe 10 Minuten gelesen am …

Unterschrift eines Erwachsenen

Ich habe 10 Minuten gelesen am …

Unterschrift eines Erwachsenen

NAME:

WICKIES LESEPASS